Nicoletta Vogel · Mit Krankheit leben

Nicoletta Vogel

Mit Krankheit leben

Johannis

Die Reihe »Glaubens- und Lebenshilfe«
wird herausgegeben von Harald Petersen,
Leiter der Seelsorgeabteilung des
EVANGELIUMS-RUNDFUNKS
in Deutschland

Bildnachweis:
Umschlag: P. Santor
Innenteil: S. 9: Ch. Palma; S. 16: K. Scholz; S. 24: D. Schinner;
S. 32: H. Müller-Brunke; S. 40: R. Bruckner; S. 52: M. Zweigle;
S. 57: G. Hettler

Bibliografische Information Der Deutschen Bibliothek
Die Deutsche Bibliothek verzeichnet diese Publikation in der
Deutschen Nationalbibliografie; detaillierte bibliografische Daten
sind im Internet über http://dnb.ddb.de abrufbar.

Reihe Glaubens- und Lebenshilfe 07 175
2. Auflage 2004
Lektorat: Dr. Thomas Baumann

Umschlaggestaltung: Friedbert Baumann
Gesamtherstellung: St.-Johannis-Druckerei, Lahr/Schwarzwald
Printed in Germany 15864/2004

Inhalt

»Nein, es ist noch nicht besser ...«

»Wieder wird wohl ein Jahr zu Ende gehen, ohne dass es eine ent-scheidende Veränderung meiner Situation geben wird. Ich habe gehofft, gebetet, vertraut, aber in Wirklichkeit ist nichts mehr, wie es war. Ich bin und bleibe krank, das heißt, ich bin und bleibe auch entwurzelt. Meine Schmerzen legen meine Gedanken in Ketten.«

Wenn ich Menschen treffe, die chronisch krank sind, begleitet von Schmerzen, die ihnen die Sinne zeitweilig rauben, höre ich oft solche oder doch ähnliche Aussagen. Ich kann sie nicht nur gut verstehen, ich kann es ihnen auch gut nach-fühlen. Vor mehr als vier Jahren wurde ich selbst krank und es hat dreieinhalb Jahre gedauert, bis ein Arzt endlich die richtige Frage stellte und den »dubiosen« Symptomen auf die Spur kam. Vielleicht legitimiert mich diese eigene Erfahrung, dieses kleine Büchlein zu schreiben. Und seit ich weiß, dass ich es schreiben werde, versuche ich, das schon oft Gesagte herauszufiltern aus meinen Gedanken, das Wichtige vom Bedeutungslosen zu trennen, eine Balance zu finden zwischen wichtigen Informationen einerseits und menschlicher Zuwendung und geistlichem Trost andererseits. Die Vorgabe einer sehr begrenzten Seitenzahl jedenfalls zwingt zur Konzentration auf das Wesentliche oder das, was ich vom Stand meiner eigenen momentanen Erkenntnis her dafür halte.

Ich habe mich u. a. in den letzten beiden Jahrzehnten viel mit Sprache beschäftigt. Und Sie werden sicher bereits gemerkt haben, dass ich einige Wörter mit Bindestrich schreibe. Das hat damit zu tun, dass unser Wissen um den Ursprung eines Wortes immer mehr verloren gegangen ist. Nehmen wir zum Beispiel das Wort »Konzentration«. Hierin stecken die Begriffe Konzentrat, aber auch Zentrum, Sammlung. Ich werde diese eigene Art des Schreibens nicht zu einem Sport ausarten lassen und sie nur dort anwenden, wo es mir wirk-lich wichtig erscheint.

Dieses kleine Buch ist für Menschen geschrieben, die selbst mit einer Krankheit leben müssen. Manchmal sind auch nur minimale Veränderungen innerer Einstellungen im Umgang mit sich selbst, mit Umständen, mit anderen Menschen wie ein warmer Regen, der Verkrustungen von der Haut löst.

Es ist aber auch geschrieben für Menschen, die einen chronisch Kranken begleiten. Einerseits sind viele der Begleiterinnen und Begleiter um Verstehen, Trösten, Geduld u. a. m. bemüht. Aber das hat unterschiedlich schnell Grenzen erreicht. Wer selbst die Kraft eines Goliath hat, sollte nicht versuchen, einen kleinen David zu seinem Abbild aufzublasen. An-Sprüche wie »Als ich mal so krank war, da hab ich mir immer wieder gesagt: ›Durchhalten und Disziplin sind schon die halbe Miete!‹ mögen sogar hier und da inhaltlich richtig sein, können aber nur selten als hilfreich verstanden werden.

Wenn ich es richtig sehe, so geht es alles in allem im Leben grundsätzlich und in Krisen, zu denen Krankheiten gehören, im Speziellen um eine Ausgewogenheit von Kämpfen und Ruhe finden. Kaum ein Mensch kann

für einen anderen sagen, die Zeit sei gekommen, das Wollen und Wünschen, das Betteln und Ringen aufzugeben und Frieden zu schließen mit sich selbst und der eigenen Situation. Ich habe großes Vertrauen, dass auch noch der schlimmste Dickkopf eines Tages einwilligen wird in das, was der Psychiater und Begründer der Logotherapie und Existenzanalyse, Victor E. Frankl, seiner Autobiografie als Titel gab, obwohl er in Auschwitz beinahe ums Leben gekommen wäre: »Trotzdem Ja zum Leben sagen«.

Abschied von der Norm-alität

Von dem Augenblick an, in dem wir selbstständig zu denken beginnen, uns von den Eltern lösen und auf etwas ganz Eigenes zugehen, von diesem Augenblick an planen wir unser Leben. Wir erträumen uns eine Zukunft, schmieden Pläne im Hinblick auf Partnerwahl, Beruf, vielleicht ein eigenes Zuhause. Manche arbeiten und sparen, um sich Reisen zu ermöglichen oder andere Hobbys. Wie auch immer: Wir haben Freude an unseren Plänen, sie sind ein positiver Antrieb. Aber man muss nicht erst ein gewisses Alter erreicht haben, um zu erleben, wie plötzlich oder aber auch schleichend das Pläneschmieden ein Ende hat. Es kann sein, dass uns ein Unfall jäh aus unserem Alltag herausreißt. Dann ist mit einem Schlag nichts mehr so, wie es war. Es kann sein, dass wir uns schon längere Zeit unwohl fühlen, Müdigkeit, Schwäche, etwaige andere Beschwerden, vielleicht auch Schmerzen breiten sich im Körper aus. Man geht zu einem Arzt. Wenn man »Glück« hat, trifft man auf einen Mediziner, der gründlich ist und die richtige Frage stellt, um herauszufinden, was einem Menschen fehlt. Oft aber geschieht es, dass viele über Jahre und Jahrzehnte nicht wirklich wissen, was mit ihnen ist. In dieser Zeit erleben viele chronisch kranke Menschen eine Menge Unverständnis, sei es von der eigenen Familie, von Freunden oder von Arbeitskollegen. Dies gilt besonders für Erkrankungen, die »man« nicht sehen kann oder die, anders als etwa eine Krebserkrankung, keine hohe gesellschaftliche Reputation haben, also sozusagen »anerkannt« sind. Und dann müssen kranke Menschen nicht nur Abschied von allen ihren

Plänen nehmen, sondern sie verlieren nach und nach einen Teil ihrer Freunde, vielleicht die Arbeitsstelle, damit verbunden natürlich eine immer größer werdende Anzahl sozialer, gesellschaftlicher und kultureller Möglichkeiten. Wer chronisch krank ist und nicht durch eine Familie, eine christliche Gemeinschaft oder andere Lebenshilfe gestützt wird, der rutscht immer tiefer in einen Prozess der Verarmung. Und das ist ein wahres Abschiednehmen von dem Normalen: Zuerst geht man nicht mehr aus und unter die Menschen, weil man sich nicht recht wohl fühlt oder vorübergehend das Bett hüten muss. Dann sind nach und nach die wirtschaftlichen Reserven aufgebraucht. Der Kinobesuch, das Theater, die Tasse Kaffee werden zum Luxus. Viele Menschen mögen darüber nicht sprechen, sie schämen sich für ihre Situation. Nach außen wird lange so getan, als sei alles beim Alten, irgendwann aber erkennen die anderen um den Kranken herum das potemkinsche Dorf, die Fassade. Eine doppelte Anstrengung und Belastung, die sich so mancher da aufbürdet, und damit ungeheure Energien verschwendet, die für den Heilungsprozess eingesetzt, besser angelegt wären.

Vielleicht aber bekommen spätestens dann die Fragen einen Platz im Leben des oder der Betreffenden zugewiesen, die lange schon auf Antwort gewartet haben: »Was macht mich wirklich aus?« »Wer bin ich und woraus beziehe ich meinen Wert?« »Was bleibt von mir übrig, wenn so vieles weggebrochen ist?«

Jedenfalls stellen Sie eines Tages fest, dass Sie nicht mehr der Mensch sind, der in den Dolomiten die Gipfel stürmt, sondern dass ein anderer Ihnen einen Teller

Suppe vorbeibringen muss. Das kann manchmal ja sogar nett werden, wenn es sich um eine vorüberziehende Erkältung handelt. Nur wenn sich die Kraft nicht wieder einstellt und auch nach Wochen das eigenständige Leben so nicht gelebt werden konnte, dann ist es wirklich not-wendend, sich mit all den Veränderungen nach und nach auseinander zu setzen.

Kein Ei gleicht dem anderen

Es wäre sicher aufschlussreich, Menschen mit den nahezu identischen Erkrankungen und den möglichst auch ähnlichen medizinischen Vorbedingungen in einer Gruppe zu sammeln und sie für die Dauer einer länger anhaltenden Behandlung zu beobachten. Schnell würde deutlich, wie verschieden die einzelnen Personen mit ihrer Erkrankung umgehen und welche Auswirkungen das hat.

Der eine wird sich still in eine Ecke verziehen, wenig Ansprüche geltend machen und leise leiden. Der andere wird vielleicht seiner Wut Ausdruck geben und andere »zur Schnecke machen«, die gar nichts dafür können. Wiederum ein anderer wird ganz intellektuell an die »Angelegenheit« herangehen und sich sagen: »Nun mal ganz deduktiv – Schritt eins, Schritt zwei, Schritt drei, dann kommt unten schon wieder Gesundheit heraus ...« Und vielleicht haben wir in »unserer Gruppe« dann auch noch einen Beter, der den anderen zeigt, dass man auch jetzt noch lächeln kann, denn es steht geschrieben, man solle fröhlich sein in dem Herrn alle Wege und allezeit für alles danken! Stellen Sie sich mal diese Gruppe vor! Und doch sind das ja nur Vertreter unserer eigenen Verschiedenartigkeit.

Sicher hängt der Verlauf einer Erkrankung nicht ausschließlich davon ab, wie wir uns dazu ein-stellen. Und sicher kann man aus einem Karpfen keinen Hecht machen. Wenn ein Mensch mehr weint als der andere, macht es keinen Sinn, ihm dies vorzuhalten und ihn aufzufordern, sich mehr zusammen-zu-reißen. Re-Aktionen haben etwas mit unserem Gewordensein zu tun. Und hierzu gehören nun einmal unsere Kindheit, die sozialen Umstände, in denen wir gelebt haben und leben, die Eingebundenheit in Familie und in einen Kreis von Freunden. Aber darüber hinaus dürfen wir nicht vergessen, dass auch jeder Körper anders reagiert. Wenn ich den Beipackzettel eines Medikamentes lese, bekomme ich oft den Eindruck, nur ein paar wenige hypochondrisch veranlagte Jammerlappen bekommen die eine oder andere »seltene Nebenwirkung«, wie sie dort beschrieben wird. Wir haben uns daran gewöhnt, dass uns Ärzte sagen: »Das Medikament wird normalerweise gut vertragen.«

»Na, dann muss es bei mir auch so sein, und wenn nicht, liegt es wohl an mir.« Ich habe vor einiger Zeit eine Patientin kennen gelernt, die durch einen Zeckenbiss schwer erkrankt ist. Da sie von Beruf Krankenschwester auf einer Intensivstation ist, wähnte sie sich schon in den richtigen Händen. Aber niemand kam darauf, dass ihre Schmerzen in den Muskeln und Sehnen, vor allem in den Beinen, durch Borreliose verursacht wurden. Wir kamen miteinander ins Gespräch, und was sie sagte, müsste jedem Arzt und jeder Ärztin ins Stammbuch geschrieben werden: »Bisher habe immer ich die Schmerzmittel an die Patienten verteilt; *ich* habe gesagt: ›Frau Meier, Sie haben doch schon zwei Mal das und das Medikament bekommen, eigentlich können Sie doch jetzt gar nicht so starke Beschwerden haben, Sie müssen jetzt schon mal ein bisschen warten.‹ Jetzt, wo ich selbst so starke Schmerzen habe, wünschte ich mir so, mir würde ein Arzt einfach zuhören und *glauben,* was ich sage. Und nun muss ich feststellen, dass *mit mir* so gesprochen wird.«

»Ein Ei ist nicht wie das andere.« Das gilt insbesondere für die Frage nach dem Umgang mit Verlusten. Länger andauernde Krankheit bringt immer Verluste mit sich. Es ist wie mit einer Trennung. Der eine verliert sein Zuhause, der andere einen Teil der Möbel, selten können die gemeinsamen Freunde zu beiden halten. Jeder hat sein kleines Chaos, mit dem er auf Krisen re-agiert. Und je mehr Verluste aufeinander kommen, umso dünner wird die eigene Haut. Es gibt keine Vorschriften, wie »man« die Lage am besten zu meistern hat. Und nur selten machen Rat-Schläge einen anderen froh. Aber es gibt schon Hilfestellungen, die zu betrachten es sich lohnt.

Zuvor möchte ich jedoch betonen, dass ich es für eine Grenzverletzung erachte, wenn zu schnell be-urteilt wird, ob ein warum auch immer geschwächter Mensch mit dem »richtigen« Verhalten auf seine Not antwortet. Ich erlebe seit vier Jahren meine eigenen Kämpfe und die Reaktionen anderer. Mal war es gut, wenn mir jemand »den Kopf gewaschen hat«. Aber längst nicht immer.

Es ist unstrittig, dass Seele und Körper miteinander agieren. Selbst ich, die dies gelernt und dieses »Kopfwissen« hat, staune so manches Mal nicht schlecht. Es gibt keine Grenze zwischen dem Körper und dem menschlichen Geist. So ist die Immunabwehr eines Menschen eng verbunden mit seiner Affektlage, also dem, was seine Stimmungen, seine Freude, seine Trauer usw. ausmachen. Wenn einer eine echte Frohnatur ist und eine große Portion Humor im Leben hat, reagiert er – siehe »unsere Gruppe« – mit großer Wahrscheinlichkeit anders auf eine körperliche Erkrankung als ein Mensch, der meint, ihm sei im Leben sowieso nichts geschenkt worden. Es ist also nicht gesagt, dass ein Mensch von einer schweren Erkrankung erfährt und dann sozusagen in schlechte Stimmung verfällt. Allerdings ist ein weiteres Faktum wichtig bei der Reaktion auf die »schlechte Nachricht«. Menschen sind längst nicht immer in der Lage, den »Schlamm« ihres Lebens in »Heilerde« umzuwandeln. Und so kann es sein, dass sich der Schlamm angesammelt hat, Schäden, die sich aufgehäuft haben, liegen im Untergrund. Vielleicht sind sie bislang nicht negativ aufgefallen. Nun aber, mit der Nachricht, diese oder jene Krankheit zu haben, ist das Fass übergelaufen. Was da lange im Untergrund ruhte, zeigt sich jetzt als Wucherung. Dann kommt der Aufschrei: »Ich kann nicht mehr.« Jetzt wird deutlich, dass die »Leichen im Keller« doch geschwächt haben. Die Deiche im Oderbruch haben lange standgehalten. Erst als die große Flut kam, wurde deutlich, dass sie wohl schon zuvor Schwachstellen aufwiesen, die man so nicht sehen konnte.

In der Übertragung heißt das, es war bereits etwas, vielleicht auch vieles schon da, was die Immunabwehr geschwächt hat. Man hat es sozusagen »noch im Griff gehabt«. So schmerzlich es ist, wenn dann eine Entgleisung droht, so not-wendend scheint dies dennoch zu sein. Es ist eine Anfrage des Lebens an jeden einzelnen Menschen. Eine der wesentlichen Aussagen Victor E. Frankls ist, dass nicht wir es sind, die Fragen stellen, sondern das Leben fragt uns. Er bezeichnete dies als »kopernikanische Wende«. Wenn wir nicht antworten, was gemeinhin als verdrängen bezeichnet wird, werden wir – über kurz oder lang – krank. Krank in unserer

Seele, krank in unserem Körper. Spätestens dann, wenn »das Maß voll ist«, geht die Taktik des Überhörens nicht mehr auf. Dann verlangt das Leben von uns, dass wir aufräumen, klären, ent-scheiden, verändern.

Wille kommt von Wollen

Wie sehr das Immunsystem eines Menschen von seinem Willen gelenkt werden kann, soll folgendes Beispiel zeigen. Eine Gruppe von elf Personen hatte sich auf den Weg zu einer Expedition nach Lappland gemacht. Man hatte geplant, in Zelten zu übernachten, im Lande selbst weitestgehend auf öffentliche oder private Fahrzeuge zu verzichten und die Wege zu Fuß zurückzulegen. Nachts war es unangenehm klamm, die Feuchtigkeit lag wie Klebstoff in der Kleidung, in den Zelten, in den Schlafsäcken. Nach rund 40 Kilometern Fußmarsch war man abends dennoch glücklich und zufrieden über das erreichte Tagesziel. Nur mit der Zeit schlich sich bei dem einen oder anderen Müdigkeit und Erschöpfung ein. Trotz gemeinsamer systematischer Vorbereitung auf die Expedition und also »gleichem« Trainingsstand waren die Kräfte unterschiedlich schnell und verschieden stark aufgebraucht. So bekam eine Teilnehmerin an einem Abend starke Hals- und Kopfschmerzen, Anzeichen eines grippalen Infektes zeigten sich. Jetzt krank werden? In vier Tagen stand schon der Rückflug an, und draußen in der Wildnis einfach liegen bleiben? Unmöglich. Sicher, zur Not hätte sie sich ausfliegen lassen können. Aber sie wollte gerne mit den anderen gemeinsam am vereinbarten Ziel ankommen. Wenn auch mit Mühen, so hat sie doch durchgehalten und die Expedition bis zum Ende mitgemacht. Sie *wollte* es so. Als es keiner solchen An-Spannung mehr bedurfte, in Deutschland wieder angekommen, wurde sie dann doch noch krank (und bekam eine Erkältung).

Sie werden das sicher kennen aus Zeiten, wo auch Sie

meinten, durchhalten zu müssen, mal im Beruf, mal in der Familie, mal auf einer Reise o. a. Manchmal hören wir auch in den Nachrichten einen Satz wie: »XY ist kurz nach seinem 90. Geburtstag in London verstorben.« Immer wieder gelingt es Menschen, noch etwas zu erreichen, was sie un-bedingt wollten, obwohl sie bereits sehr krank waren. Da werden noch einmal alle Kräfte mobilisiert auf dieses Ziel hin. Wer ein solches Ziel hat, ist wohl zu einmaligen Leistungen imstande. Leistungen, die aber nur er selbst erbringen kann – sie lassen sich von außen niemals einfordern, dies sei allen Begleitern von kranken Menschen gesagt. Denn ein Ziel, einen Sinn, kann man nicht vor-geben, den muss jeder selbst finden. Wir sind wohl auf Rat unserer engsten Begleiter angewiesen, und manchmal tut es gut, wenn uns jemand darauf aufmerksam macht, dass wir gerade dabei sind, ins offene Messer zu laufen. Aber es geht nicht an, dass mein Maßstab zum »Maß aller Dinge« erhoben wird. In einem gewissen Rahmen braucht jeder seine eigene Zeit zum Trauern und Verarbeiten von schlechten Nachrichten.

In unserem Beispiel von der Expedition war das Erreichen des Zieles ein so positiver An-trieb, dass er imstande war, die Affektlage, also die emotionale Verfassung der Teilnehmerin dahingehend zu beeinflussen, dass sie nicht im Ausland erkrankte. Die affektive Lage wirkte also auf ihr Immunsystem positiv ein. Gute Gedanken, freundliche Worte, schöne Erlebnisse sind genauso wichtig für den Heilungsprozess wie der richtige Arzt, die richtige Diagnose, das richtige Medikament. Die Haltung »der Doktor wird's schon richten« ist bei weitem zu wenig, kann delegierte Ver-antwort-ung und damit ungelebtes Leben heißen.

Das Gesicht spricht wirk-lich Bände

Ob es sich um Wut, um Angst, um Trauer, Schmerz oder sonstige negative Gefühle handelt, wir teilen sehr viel mehr mit, als wir sagen. Wir tragen oft das Ungesagte auf unserem Gesicht und wollen, dass es gesehen wird: »Sprich mich an und frag mich, ob es mir schlecht geht« heißt der nicht gesagte Anspruch. Wie viel einfacher wäre die zwischenmenschliche Kommunikation, würden wir schlicht aussprechen, was wir möchten, was wir nicht möchten, würden sagen, wie es uns wirklich geht und andere nicht raten lassen.

Schmerzpatientinnen und -patienten sind da ein Völkchen für sich. Vor einigen Jahren habe ich mich selbst in eine Schmerzklinik begeben. Als ich zum ersten Mal den gemeinsamen Speisesaal betrat, umfing mich eine Atmosphäre der Finsternis. Nie werde ich all diese Gesichter vergessen, die ich mir nicht einmal im Einzelnen habe merken können, weil sie nahezu alle gleich schienen. Es war, als sagten alle im Chor: »In einer Schmerzklinik wird nicht gelacht.« Dem Gesetz der umgekehrten Wirkung folgend, passierte, was ich in diesem Moment nicht steuern konnte – ich fing an, laut zu lachen (und fiel damit ziemlich auf). Betretene Gesichter, leichte Empörung, aber auch der eine oder andere strafende Blick trafen mein Gemüt. Ich hatte mich bei meinem Aufenthalt in dieser Klinik immer wieder gefragt, wie man denn gesund werden kann, wenn man so sehr in die Rolle des Leidtragenden hineinkriecht, was eher unbewusst geschieht. Die Schwestern hörten

14 Tage lang lautes Lachen aus dem Zimmer, in dem ich lag. Keiner von uns ging es gut. Eine Mitpatientin hatte eine äußerst seltene und unmenschlich schmerzhafte Erkrankung. Bei ihr bildeten sich bösartige Geschwüre an den Nerven sämtlicher Extremitäten. Sie hatte bereits 38 Operationen hinter sich. Nachts fand sie immer nur kurze Momente Schlaf und wurde neben den Schmerzen von Stromschlag ähnlichen Reizen geplagt. Mal weinte sie, mal weinten wir beide, und dennoch war da so viel Humor, so viel Lachen. Ich habe den Eindruck, dass offenbar viele Schmerzkranke meinen, sie dürften nicht lachen, weil ihnen sonst keiner glaubt, dass sie wirklich starke Schmerzen haben. Möglicherweise haben sie dementsprechende Erfahrungen gemacht: Man war mal einen Abend wieder richtig ausgelassen und hat mit der Familie oder Freunden eine gute Zeit verbracht. Dann kam die Bemerkung: »Na, das ist ja schön, dass es dir wieder besser geht.« Es ging aber eigentlich gar nicht besser, jedenfalls nicht anhaltend. Na, dann schon lieber gar nicht mehr lachen, sonst gerät man noch in Erklärungsnöte. So oder ähnlich könnte sich das abspielen. Und dann erlaubt man es sich nicht mehr, »gut drauf zu sein«. Bitte, das gilt selbstverständlich nicht für alle und jeden, aber ich beobachte dieses Verhalten ausgesprochen oft. Für die Menschen drum herum ist es in einem solchen Fall sehr mühsam, an der Seite des oder der Kranken zu bleiben. Denn man erschöpft nicht nur sich selbst, sondern auch die, die einem bislang noch die Treue gehalten haben. Es geht nicht um ein zwanghaftes Haha. Wenn ein Mensch zu große Schmerzen hat, kann er in Gesellschaft kein exzellenter Unterhalter sein. Wenn Weinen »dran« ist, dann ist es wichtig zu weinen. Vielleicht hilft

es Ihnen, wenn ich noch einmal an einem Beispiel verdeutliche, worum es geht.

Als ich noch in der Ausbildung zur Moderatorin beim Hörfunk war, habe ich Sprechunterricht bekommen. Die Situation in einem Hörfunkstudio ist trocken und zuweilen etwas einsam. Das wissen die Hörer natürlich nicht, sie hören nur eine Stimme. Und die soll »da draußen« ja nicht ankommen wie in Schlafsaft getaucht oder deprimiert. Also zwang mich mein Lehrer, zu lächeln beim Sprechen. Vielleicht machen Sie einmal selbst den Test und sprechen etwas auf Band, mal mit, mal ohne dieses Lächeln. Sie werden den Unterschied hören. Ich habe mir alte Aufnahmen mit meinem Lehrer angehört und dann solche nach dem Training. Es ist wirklich verblüffend, wie sich die Stimme durch diese Kleinigkeit verändert.

Im Hebräischen sind »Seele« und »Kehle« ein Wort: nephesch. Und auch das Wort »Stimm-ung« gibt uns einen Hinweis auf den Zusammenhang von »Seele und Kehle«.

Wenn mir nicht danach ist, freundlich zu sein, zu lächeln, gerade weil ich krank bin, vielleicht *wird mir ja danach!* Ich fürchte, wir haben es uns sehr angewöhnt, dem Negativen grundsätzlich weit mehr Raum zu geben als den guten und schönen Dingen und Begegnungen. Ich bitte oft meine klagenden Klienten, die so gar nicht loskommen von der dunklen Sicht auf ihre Welt, ein Tagebuch zu führen und jeden Tag mindestens eine Sache oder Begegnung aufzuschreiben, die sie (irgendwie) doch gefreut hat. Manche wehren sich und sagen: »Da ist nichts, bestimmt!« Ich bleibe dann bei meiner Bitte. Es sind nur ganz wenige unter diesen Klienten, die tatsächlich nichts aufzuschreiben wissen. Die anderen machen eine unmerkliche Wandlung durch. Sie sind von innen her aufgeheitert und es war nicht etwa ein toller Event, der sie »hochgeholt« hat. Diese leise Freude hat die Fähigkeit, sich auszubreiten. Sie ist das Gegenteil vom schnellen Kick, der wiederum nach einem noch schnelleren Kick verlangt. Und dies ist auch nicht eine Art weinselige Heiterkeit. Wir haben quasi nur das Objektiv gewechselt. Mit dem Teleobjektiv kann ich einen fliegenden Adler aus der Nähe beobachten, aber ich sehe nur ihn. Das Drumherum bleibt mir verborgen. Wenn es ein starkes und gutes Objektiv ist, werde ich seine Augen betrachten können und vielleicht sehe ich sogar seine Schwungfedern. Nur die Landschaft, in der er sich bewegt, kann ich so nicht wahrnehmen. Aber: *Ich habe eine Wahlmöglichkeit.* Denn ich kann mich dafür ent-scheiden, das Objektiv zu wechseln. Dann setze ich auf die Kamera zum Beispiel ein Weitwinkelobjektiv. Nun kann ich zwar den Adler nicht aus solcher Nähe betrachten, aber ich verschaffe mir dafür einen Überblick, in welcher Umgebung er lebt. Es kommt mir darauf an zu verdeutlichen, dass das Leben mit einer Krankheit auch dann, wenn sie notvolle Beschwerden macht und den Lebensradius deutlich verkleinert, dennoch kein Leben mit dem Rücken zur Wand ist. Ich weiß aus eigener leidvoller Erfahrung, dass es viel Zeit und Tränen kosten kann, dies wirklich zu be-greifen. Rückschläge eingeschlossen. Wenn man noch so richtig viel vor hatte, wenn der Beruf Freude gemacht hat, wenn Reisen, Begegnungen und vieles mehr das Leben reich gemacht haben und nun der große Einschnitt kommt – wer würde da nicht in ein tiefes Loch fallen? Der eine wird tiefer fallen als der andere, der eine wird länger brauchen, um da wieder herauszukommen als der andere. Jeder soll und muss die Zeit haben, die er für seine Trauer und die Verarbeitung aller Veränderungen braucht. Und doch wird die Zeit kommen, wo die Opferrolle verlassen werden muss. Wie wir leben und wie wir sterben werden, hängt sicher nicht nur, aber auch davon ab, »welches Objektiv wir auf unserer Kamera« hatten. Über allem, in allem ist ein Schöpfer, der mit Namen ansprechbar ist, der den weitaus besseren Über-Blick hat als wir alle zusammen. Aber wir sind freie Menschen. Frankl pflegte immer wieder zu sagen: »Mensch sein heißt, verantwortlich sein.« Es wird also wohl das werden, was wir daraus machen!

Von der Wirklichkeit zur Möglichkeit zur Wirklichkeit

Der Schriftsteller Robert Musil hat in seinem literarischen Hauptwerk »Der Mann ohne Eigenschaften« den be-merken-swerten Satz geschrieben: »Wenn es einen Wirklichkeitssinn gibt, muss es auch einen Möglichkeitssinn geben.« (rororo 1988, Bd. I, S. 16) Ähnlich äußert sich Frankl in seinem Buch »Der Wille zum Sinn, Ausgewählte Vorträge über Logotherapie« (S. 25f.). Denn Sinn, so sagt er, ist nicht nur »im Wirklichen, sondern auch im Möglichen zu entdecken«. Frankl war Psychiater und Neurologe, als Jude wurde er von den Nationalsozialisten nach Auschwitz deportiert und hat dies überlebt trotz Fleckfieber, Hunger und Kälte. Es war die Kraft der Imagination, der Wille zum Sinn und die Trotzmacht des Geistes, die Fähigkeit also, »dennoch« zu sagen, die ihn am Leben hielten. Und sicher gehörte auch Bewahrung dazu! Wo es aber an ihm lag, da hat Frankl dem Leben *seine* Antwort gegeben. Die Nationalsozialisten hatten sein Buchmanuskript »Die ärztliche Seelsorge« vernichtet. Frankl nun hatte sich immer wieder vorgestellt, wie er hinter einem Katheder stehen und dieses Manuskript vortragen wird. Dies hat sozusagen seine Abwehr-Kräfte enorm mobilisiert, auch dann, als er vom Fleckfieber befallen wurde. Als Arzt wusste er, dass er in diesem Zustand nicht einschlafen durfte. Die Gefahr war zu groß, nicht mehr aufzuwachen.

Er hatte diese Hölle überlebt. Das »noch nicht« war lebendig und stark genug, dieses Leben zu retten. Und mehr noch. Er rekonstruierte sein Manuskript auf unzähligen Papierschnipseln. Geschrieben hatte er mit einem Bleistift. Es war in Auschwitz nur erlaubt, mit einem Bleistift zu schreiben. Gleichzeitig aber war es verboten, einen Bleistift zu besitzen. Der Terror hatte seine Ordnung, aber an vielen Beispielen lässt sich nachlesen, dass unzählige Menschen auf kreative, zum Teil auch auf abenteuerliche Weise das »Drehbuch« umgeschrieben hatten.

Einer Krankheit zu trotzen, geschieht individuell sicherlich recht unterschiedlich. Ein paar Möglichkeiten sind bereits genannt worden. Eine weitere ist, über den »inneren Tellerrand« zu schauen. Das, was *ist*, ist nicht identisch mit dem, was *sein kann*. Ich habe selbst lange Zeit benötigt, um Tage, an denen wenig, manchmal auch gar nichts geht, so zu akzeptieren, wie sie sind. Tage mit heftigen Schmerzen und anderen Begleiterscheinungen, Tage, an denen auch Tränen fließen. Ich kenne viele solcher Tage. Und halte dennoch dagegen. Selbst wenn mich dann und wann Verzweiflung überrollen möchte, liegt in einem tieferen Grund eine Gewissheit, dass dies nicht das letzte Wort ist. Ich hole mir in Gedanken Augenblicke zurück, in denen ich glücklich war, die ich genossen habe. Ich träume vielleicht auch von der einen oder anderen Reise, die ich – so Gott will – noch unternehmen werde. Bis ich dies konnte, ist es mir immer wieder passiert, dass ich mich meinem schlechten Befinden hingegeben, nicht dagegengehalten habe. Wenn ich zurückschaue, dann habe ich ein richtiges Training absolviert, um nicht mein ganzes Sein von meiner Erkrankung durchdringen zu lassen. Und so kann ich heute für mich formulieren: Ich *habe* eine Krankheit, aber ich *bin* nicht diese Erkrankung.

Und nun wieder zurück zu Ihnen: Wenn ich das lernen konnte, dann können Sie das auch. Man muss dazu nicht sonderlich intelligent sein und nicht einmal besonders stark.

Was Sie allerdings wirklich benötigen, das ist *Geduld*. Den meisten Menschen wäre es sicher recht, mit einem schnell wirksamen Medikament in maximal fünfzehn Tagen geheilt zu werden. Geduld ist der meisten Stärke nicht. Im Gegenteil: Handys (SMS) und Internet (E-Mail) u. v. m. verführen geradezu zu einer angeheizten *Un-Geduld*. Rentner haben kaum noch Zeit, an Sonntagen wird gehetzt, und wenn der Lieferservice eines großen Versandhauses statt 24 eben 48 Stunden braucht, um die Ware beim Kunden auszuliefern, dann strapaziert das offenbar schon seine »Geduld«. In all das hinein passt es nicht, krank zu sein. Nein, uns darf heute am besten gar nichts passieren. Es passt nicht in eine moderne fortschrittliche Lebensauffassung, durch Krankheit »hinterherzuhinken«. Wer, wenn auch unbewusst, mit solchen Gedanken gelebt hat oder einfach eingebunden war in ein temporeiches Getriebe, für den wird es schwer, sich überhaupt durch Krankheit »herausreißen« zu lassen. Aber Krankheit zwingt nun einmal zum Anhalten. Wir hören ja noch nicht einmal mehr auf »Warnschüsse« wie den »Hexen-Schuss«, die immer wiederkehrende Grippe oder das stolpernde Herz. Es wird weitergearbeitet und gehetzt wie bisher, man ist an seinem Platz so ungemein un-verzicht-bar. Außerdem muss ja Geld ins Haus kommen. Dann aber tut es einen Knall, aus der Tiefe unseres inneren Brunnens ruft es »rien ne va plus«. Und spätestens dann wird uns die Aufgabe gestellt, herauszufinden, was das eigentlich ist – Geduld. Das geht nicht mit dem Kopf, nicht auf der intellektuellen Ebene. Es ist ratsam, das Träumen wieder zu lernen. Ja, das geht. Auch träumen lässt sich lernen. Krankheit gibt uns Menschen die Gelegenheit, das Thema Geduld als Lektion zu betrachten und sie zu lernen. Es gibt Textausschnitte aus dem Neuen Testament, die sogar gerne vom »Volksmund« zitiert werden und deshalb einen hohen Bekanntheitsgrad haben. Aber erst, wenn solche Texte mit dem eigenen Leben durchbuchstabiert wurden, haben sie ihre Aufgabe erfüllt. Ein solcher Text steht im Römerbrief, Kapitel 5, die Verse 3–5. Das Kapitel ist überschrieben mit »Frieden mit Gott«: »... wir rühmen uns auch der Bedrängnis, weil wir wissen, dass Bedrängnis Geduld bringt. Geduld aber Bewährung, Bewährung aber Hoffnung. Hoffnung aber lässt nicht zuschanden werden; denn die Liebe Gottes ist ausgegossen in unsere Herzen durch den heiligen Geist, der uns gegeben ist.«

Es ist schon eigen-artig: Hoffnung ent-wickeln, wo doch noch gar nichts zu sehen ist, das passt nicht in unsere Zeit, in unser heutiges Denken. Aber es ist dennoch ein wesentlicher Schlüssel zu innerem Frieden und wichtig auf dem Weg der Heilung. Denn wenn ich davon ausgehe, dass ja doch nichts hilft, dass es ja doch nicht mehr gut wird, wie soll ich da gesund werden? Hoffen aber heißt, ich gehe davon aus, dass es gut ist, wie es ist. Zu sagen, es hieße nur, dass es wieder gut werden *kann*, schließt aus, dass auch der Zustand dieser schmerzvollen Unvollkommenheit sein Gutes hat. Ich habe selbst lange geglaubt, es brächte mir Frieden, wenn sich die Umstände in meinem Leben ändern würden. Das haben mir mein Verstand und meine Unzufriedenheit diktiert. Als ich damit jedoch immer unerträglicher wurde (für mich und für die Freunde), da

begann ich, das Loslassen einzuüben. Das bringt eine tiefe Befreiung mit sich. Keinesfalls aber ist hiermit gemeint, unerträgliche Lebensumstände als »Gott gegeben« darzustellen, sich abzufinden und ein fatalistisches »Ich bin ja doch machtlos« in den Status des Stundengebets zu heben. In dem Augenblick, wo ein Mensch in seiner Begrenztheit beginnt, dennoch sein Leben zu *gestalten,* werden auf einmal wieder Frei-Räume sichtbar. Sicher ist das mühevoll, aber es macht uns zu Menschen, die einen tief verschütteten Schatz gehoben haben. Eine unbeschreiblich wert-volle Erfahrung. Und dann kommen wir von der Wirklichkeit des Krankseins zu unseren Möglichkeiten, die wir noch gar nicht kannten. Daraus erwachsen neue Wirklichkeiten, von denen Sie heute noch keine Ahnung, keine Vorstellung haben. Stellen Sie sich also einmal vor, Sie träfen sich nicht mehr mit anderen Kranken in Selbsthilfegruppen, um gemeinsam Klagelieder anzustimmen, sondern Sie träfen sich zum Staunen. Das wäre mal eine Nachricht ...!

Einverstanden sein

Zwischen einem Sichaufgeben, weil Geist und Körper schwach sind, und einem Einverstandensein mit der gegebenen Situation liegen Welten. Letzteres hat sehr viel mit Los-lassen von Hader, Ansprüchen, Un-Frieden und eigenen Vor-stellungen zu tun. Früher hieß es unter der bäuerlichen Bevölkerung häufig: »Der Mensch denkt, Gott lenkt.« Heute wird darüber eher gelacht, weil das un-modern ist und nicht zu unserem »Fort-Schritt« passt. Aber Modernität kann ja nicht heißen, dass manifeste Wahrheiten für null und nichtig erklärt werden, nur weil sie nicht mehr ins Bild passen. Ich teile nicht die theologische Auffassung, dass Krankheit von Gott kommt. Wir tragen *selbst* enorm viel dazu bei, dass wir krank werden, in dem wir unsere Umwelt immer weiter zerstören durch Gifte aller Art, in dem wir wahrlich ent-fremdet leben, weil wir abgespalten von aller Natürlichkeit weit mehr Nahrungs- als Lebensmittel zu uns nehmen – die Liste ließe sich endlos fortsetzen. Ich denke aber, Gott gibt Menschen durch Krankheit oft einen Raum, zur Besinn-ung zu kommen. Dann müssen wir nicht mehr re-agieren, hetzen, nicht *mehr* ständig anderen vormachen, wie stark wir sind.

Zu Beginn überrascht uns eine Krankheit, erwischt uns kalt und ver-stimmt uns, weil wir etwas er-leben, was wir nicht mehr kontrollieren können. Unser Denk-Muster ist unter Beschuss. Denn wir waren der Auffassung, es sei gut und richtig, wie wir gelebt haben vor der Krankheit, es erschien uns als »bestens«. War es das wirk-lich? Oder doch nur vermeintlich?

Grundsätzlich täte es der Menschheit gut, wieder zu lernen, nicht in alles eingreifen und alles »im Griff« haben zu wollen. Schon die relativ gewaltsamen Metaphern, die unsere Sprache hier bereithält, deuten eine gewisse Lebens-feind-lichkeit an. Ich musste es erst be-greifen, anfassen, mit meinem Leben buchstabieren, dass es Geschehnisse zwischen Himmel und Erde gibt, die mir gut tun, obwohl sie gar nicht so aussehen. Wer kann im Ernst verlangen, dass man sich über Schmerzen, über Schwäche und anderes erfreut zeigt? Krankheit aber ist nur das Mittel zu dem Zweck, die eigene Rotation anzuhalten, zu begreifen, dass die Gezeiten von alleine am allerbesten funktionieren, dass ich nicht überall mit-mischen muss. Wenn ein Mensch dann so weit ist, dass er – vielleicht auch unter Tränen – die Hände sprichwörtlich in den Schoß legen kann, dann geschieht das Wunder, dass er sich gelöst fühlen darf, eine Unabhängigkeit erlebt, die ihm neu sein wird. Auf einmal können sich Menschen von den inneren Vorstellungen lösen, wie etwas zu sein hat und lernen dafür, »carpe diem« den Tag zu pflücken. Mit Dankbarkeit. Menschen, die sich nicht einmal auf die kleinsten Unannehmlichkeiten ein-stellen können, werden diese Lebensunterrichtseinheit schwer erlernen und verdauen können. Starke Menschen werden sich ebenfalls schwer tun, plötzlich angewiesen zu sein, nicht mehr selbst in dem Maße agieren zu können, wie sie es gewohnt waren und nicht mehr ständig Regieanweisungen zu erteilen. Es ist ein bisschen wie mit Lehrern: Sie können oft selbst nicht gut zuhören und hinzulernen, denn ihre Rolle besteht ja gerade darin, anderen etwas beizubringen.

Zum Einverstandensein gehört etwas, was aus unserem

Sprach-Schatz nahezu verschwunden ist: *Demut.* Solange wir noch behaupten, Demut sei unsere Stärke, wissen wir nichts von ihr. Etymologisch, d. h. vom Sprachursprung des Wortes her, meint Demut, eine »dienende Gesinnung« haben. In der Fachliteratur wird es in einen Zusammenhang gestellt mit den Wörtern »barmherzig«, »erbarmen«, »Gewissen« und mit »Mitleid«. Was aus der Sprache eines Volkes ver-schwindet, ist manchmal auch im täglichen Leben nicht mehr wiederzufinden. Im Neuen Testament wird davon gesprochen, dass Gott den Hochmütigen widersteht, den Demütigen aber Gnade gibt (vgl. Jakobus 4,6 und Sprüche 3,34). Arroganz, Hochmut scheinen Erfolg versprechend zu sein. Der Schein aber trügt. Je mehr unser Turbokapitalismus, ein von einem englischen Ökonom geprägter Begriff, uns eine steigende Selbst-Bestimmung und jedwede Un-Abhängigkeit vorgaukelt, umso Not-wendender werden Menschen gebraucht, die bereit sind, ihre Krankheit als Lebens-Lektion zu betrachten. Es wäre eine Wohl-Tat, würden sie das Verstandene un-dogmatisch mit anderen teilen. Und sollte es so sein, dass es sich um eine Krankheit »zum Tode« handelt, dann wird es wichtig sein für alle, die diesen Weg auch einmal gehen müssen, sterben, loslassen zu lernen.

Auch ich habe gehadert, mit Gott gerungen, geschimpft, ich wollte es besser wissen, und um die Wahrheit zu sagen, ich habe Jahre gebraucht, um aufzuhören, auf mein Glücklichsein in ganz bestimmter Weise zu warten. Wenngleich es mir nicht gut geht, kann ich dennoch gleichzeitig glücklich sein, es gibt wirklich tausend (kleine) Freuden. Indem ich einverstanden bin, bin ich keinesfalls mehr das Opfer. Vielleicht werde ich nie wieder ganz gesund. Soll ich dann also bis ans Ende meiner Tage mit grollendem Gesicht, tiefster Übellaune und vorwurfsvollem Blick durch das Leben gehen, das so keines mehr ist? Wer hätte etwas davon? Sie werden staunen, welche Zentnerlast von Ihren Schultern fällt, wenn Sie sich einverstanden erklären mit Ihrem Leben, so wie es ist. Welch eine Erleicht-erung, nicht mehr durch einen bestimmten Gesichtsausdruck zeigen zu müssen, dass man krank ist.

Und glaubhaft sein geht auch ohne diese Maske.

Sagen, was ist

Immer wieder höre ich als Gegenargument, es sei nicht zu verlangen, dass man sich lustig geben könne, wenn es doch gar nicht so sei, und außerdem würde einem doch niemand glauben, dass das Befinden schlecht sei.

Nun, niemand verlangt im Ernst Heiterkeit. Es geht eher um inneren Frieden, der sich von selbst auf unseren Gesichtern spiegeln wird. Und es geht um Humor. Frankl schreibt in seinem Buch »Ärztliche Seelsorge«, nichts sei »aber mehr geeignet, Distanz zu schaffen, als der Humor.« (Fischer TB 1987, S. 207 f.) Und Distanzierung, auch von einer Krankheit, ist nötig, wenn der Lebensradius wieder größer werden soll. Der Krankheit nicht mehr allen Raum geben, ist der erste Schritt zu einem zufriedenen Da-Sein. Was viele Menschen nicht mehr wissen: Das Wort »Humor« kommt aus dem Lateinischen und meint »Feuchtigkeit«. Es wurde in der mittelalterlichen Medizin auf die Körpersäfte angewendet, und nach ihnen wurde die innere Art des Menschen bestimmt. Dann entwickelte sich das Wort hin zu »Stimmung« und »Laune«. Gehen wir aber zurück zur mittelalterlichen Medizin, so wird deutlich, wie Recht Frankl hat. Humor ist nahezu Medizin, die unsere »innere Art« bestimmt. Sie dürfen also trotz Krankheit ruhig mal lachen.

Um nun von der Familie und den Freunden trotzdem verstanden zu werden, ist es gut, sich anzugewöhnen, klare und deutliche Aussagen über das eigene Befinden zu machen. Wir senden (und empfangen) jeden Tag so unendlich viele Botschaften mit doppelter Bedeutung. In der Psychologie sprechen wir von der »double bind«

Botschaft: »Komm her – Geh weg«, »Ich schaffe die Arbeit – Es wird mir viel zu viel«, »Es geht mir o. k. – Ich fühl mich so elend« usf. Es scheint uns das Maskentragen näher am Leibe zu sein als unsere wahren Empfindungen. Es scheint, als gehöre es sich nicht, »grundlos« ein Klagelied anzustimmen. Also tun wir es versteckt und merken es leider dann auch nicht mehr. Es wird allen Beteiligten gut tun, wenn Sie sich für klare Botschaften ent-scheiden (dies gilt nicht nur für kranke Menschen, sondern generell). Sagen Sie gerade heraus, was Sie wollen, was Sie nicht wollen, wie es Ihnen geht, was Sie können und was nicht. Es wird nicht nur Ihnen leichter, sondern vor allem den Menschen an Ihrer Seite. Mit diesem »Geradeheraus-Sein« können Sie es sich dann auch wieder leisten zu lachen.

Eine Klientin, sie war Schmerzpatientin, kam eines Tages zu mir und bat mich um Gespräche. Ich ließ sie erst einmal klagen und schaute ihr aufmerksam ins Gesicht. Während der ersten Stunden lag ihre Stirn immerzu in Falten, die Stimme leise und schmerzverzehrt. Mir fiel auf, dass es zwischen den einzelnen Gesprächen im Hinblick auf ihre Mimik keine Variationen gab. Ich fragte sie, dem Schema der Schmerzskala folgend, wie stark sie ihre Schmerzen einordnen würde auf der Skala von eins bis zehn. Sie sagte jedes Mal »zwischen acht und neun«. Nach einigen Gesprächen wagte ich es, sie auf meine Beobachtungen anzusprechen. Zunächst war sie empört und warf mir vor, ich nähme sie nicht ernst, es ginge ihr doch wirklich schlecht. Es gelang, ihr zu erklären, dass es sicher noch Zwischentöne zu ent-decken gäbe. Sie ließ sich, nachdem ihr Ärger verraucht war, darauf ein, ein Tagebuch anzulegen und dort hinein ausschließlich Erlebnisse und

Gedanken zu schreiben, die etwas Positives, Schönes, Angenehmes hatten. Wir begannen sozusagen, die Augen zu schulen. Wenngleich es einige Wochen dauerte, veränderte sich doch mit der Zeit das Gesicht und die Stimme dieser Frau. Sie nahm nun vermehrt wahr, dass Nachbarn, Freunde, Bekannte und die Familienangehörigen viele liebevolle Gesten aussendeten, dass Menschen da waren, für sie. Sie begann, wieder Freude an ihrem Garten zu entwickeln und nicht mehr nur darüber zu klagen, dass sie die viele Arbeit nicht mehr schaffte, sondern sich zu freuen über die Kleinigkeiten, die gelangen. Und am Ende unserer Gesprächsreihe wagte sie es trotz ihrer Schmerzen, sich einen Hund anzuschaffen. Das war ein lang gehegter Wunsch, den sie vergraben hatte, weil sie davon ausging, sie könne sich nicht angemessen um das Tier kümmern. Sie holte sich ein älteres Tier aus dem Tierheim, nicht mehr zu wild und außerdem recht dankbar für die neue Zu-Wendung. Sie hatte nicht nur neu gelernt, den Blickwinkel zu verändern, ohne andere Teile von sich selbst zu verdrängen. Sie hatte auch gelernt, mehr mit Worten auszudrücken, was sie empfindet. Die Falten auf der Stirn lösten sich trotzdem mit der Zeit.

Das liest sich hier recht einfach und so, als sei es ein relativ kurzer Prozess gewesen, bis Veränderungen eintraten. Hinter jedem Fallbeispiel aber steckt ein Ringen des Klienten (und des Therapeuten), bis sich spürbar etwas tut. Mir scheint, nichts ist mit so vielen Behinderungen und Stolpersteinen verbunden wie der eigene Weg zu Veränderungen.

Selbsthilfegruppen

Wenn man über längere Zeit an einer Krankheit leidet, die deutliche Einschnitte mit sich bringt, dann kann es eine Hilfe sein, sich mit Menschen zu treffen, die an der gleichen Krankheit leiden und vielleicht auch *mehr* Erfahrungen mit ihr haben. So finden sich in solchen Gruppen immer wieder Menschen, die neben der Schulmedizin komplementäre Heilmethoden anwenden und damit gute Erfahrungen gemacht haben. Dabei ist es sinnvoll, sich danach zu erkundigen, *womit* sich eine solche Gruppe befasst. Manchmal trifft man sich nur zum Reden, was seine Berechtigung hat. Wenn es dabei aber darauf hinausläuft, sich nur gegenseitig die Klagen vorzutragen, so ist das der Genesung nicht sehr zuträglich. Gute Selbsthilfegruppen laden Referenten ein, suchen Informationen über Heilungsmöglichkeiten zusammen und stellen diese allen zur Verfügung. Ein Nebeneffekt ist, zu erfahren, dass man mit seiner Erkrankung nicht alleine ist, dass bestimmte Veränderungen auch von anderen kranken Menschen erfahren werden. Bei Erkrankungen wie Rheuma, Krebs, Multipler Sklerose, Chronischem Müdigkeitssyndrom (CFS) und viralen und bakteriellen Erkrankungen gibt es ausgezeichnete Adressen. Das gilt auch für die Frage der Schmerztherapie. Gerade hier hat sich dankenswerterweise in Deutschland in den vergangenen zehn Jahren ein bisschen was bewegt. Die »Deutsche Rheumaliga« hat in nahezu jeder größeren Stadt eine Geschäftsstelle, die Sie über Ihr örtliches Telefonbuch herausfinden können. Schmerztherapeutische Beratung bekommen Sie z. B. beim »Schmerztherapeutischen Kolloquium«,

Heinstraße 2, 61476 Kronsberg, Telefon 0 61 73/95 56-0, Fax -14. Sie erhalten dort auch Auskunft über einen Arzt in Ihrer Nähe, der sich auf Schmerztherapie spezialisiert hat. Das gleiche Angebot macht die »Deutsche Hospizstiftung«. Am Hospiztelefon können Anruferinnen und Anrufer einen Schmerztherapeuten aus ihrer Region erfragen. Außerdem können Sie gegen einen frankierten Rückumschlag auch deren Anschriften sowie der in der Region ansässigen Hospizdienste bekommen. Die Anschrift: Deutsche Hospizstiftung, Im Defdahl 5–10, 44141 Dortmund, Tel. 0231/7380730, www.hospize.de. Einen solchen Facharzt sollten Sie dann aufsuchen, wenn Sie an chronischen Schmerzen leiden. Niemand muss aus pharmakologischer Sicht noch Schmerzen erleiden. Dennoch bestehen noch immer nicht ausrottbare Vor-Urteile gegenüber Opiaten, Morphinen und Fentanylpflastern. Insbesondere Hausärzte schlagen manches Mal die Hände über dem Kopf zusammen, wenn Schmerztherapeuten zu starken Medikamenten raten. Sie können allerdings ruhig vertrauen, dass gerade so spezialisierte Ärzte wissen, was sie tun. Einige frei verkäufliche Schmerztabletten mit mehr als einem Wirkstoff haben mehr Nebenwirkungen als oben genannte Medikamente. Es ist leider so, dass ausgerechnet die Patienten immer wieder zwischen alle Stühle geraten, weil sie plötzlich im Zentrum der verschiedenen medizinischen Schulen stehen. *Information* ist deswegen wichtig und hilft, *Spekulationen* besser einzuordnen. Werden Sie zu einem Fachmann und einer Fachfrau Ihrer eigenen Erkrankung. Nutzen Sie die Ressourcen von Selbsthilfegruppen, und vielleicht wird es auch Ihnen irgendwann möglich sein, für andere da zu sein, zu helfen. In der derzeitigen Entwicklung der deutschen Gesundheitspolitik werden zunehmend Menschen gebraucht, die mithelfen. Krankenhäuser arbeiten immer mehr mit Aushilfskräften und leider oft auch mit unmotiviertem Personal. Sie können Ihre Erkrankung letztlich auch in positive Energie umwandeln, wenn es für Sie an der Zeit ist.

Patientenverfügungen

Ob es sich um junge oder ältere oder alte Menschen handelt – mir ist wirklich noch niemand begegnet, der eine Patientenverfügung besitzt, sie in der Brieftasche mit sich trägt und einen Menschen schriftlich bestimmt hat, der den Betreffenden vertritt für den Fall, dass dieser nicht mehr für sich selbst sprechen kann. Warum?

Wir sprechen nicht über Sterben und Tod, wir rechnen nicht damit, dass wir vielleicht schon in jungen Jahren durch eine Krankheit, einen Unfall oder eine Gewalttat in eine Situation geraten, wo wir nicht mehr selbst unseren Willen bekunden können. Das passiert immer nur den anderen. Ärzte sind qua ihres Eides gezwungen, alles zu versuchen, um einen Menschen am Leben zu halten. Es zeigt sich jedoch immer mehr, dass die so genannte Notfallmedizin es häufig geradezu verunmöglicht, in Würde zu sterben. Selbst Menschen, die sich durch ihren christlichen Glauben im Leben und im Sterben getragen wissen, scheuen sich häufig, eine solche Patientenverfügung auszufüllen oder sich auch nur mit ihr zu befassen.

Was ist eine Patientenverfügung?

Wer seinen Willen nicht mehr selbst kundtun kann und intensivmedizinisch betreut werden muss, hat mit einer Patientenverfügung einen Menschen bestimmt, der für ihn sprechen und ent-scheiden soll. Deshalb besteht eine Patientenverfügung aus einem Formular, das der

Auszufüllende zu seinen Papieren legt, und einem Zweitformular, das der Fürsprecher erhält. Außerdem wird ein kleiner Ausweis aus der Verfügung herausgetrennt und in der Brieftasche mitgeführt. Bei jedem Krankenhausaufenthalt sollte das Personal darauf aufmerksam gemacht werden, dass man eine solche Patientenverfügung dabei hat – man weiß nie, ob es bei einer Behandlung zu ernsten Krisen kommt! In der Patientenverfügung wird erklärt und unterschrieben, dass man darum bittet, keine Leben verlängernden Maßnahmen vorzunehmen, wenn klar ist, dass man sich bereits in einem Sterbeprozess befindet oder dass Leiden ohne Aussicht auf Erfolg nur verlängert würde. Das gilt auch für die Situation, dass es zu einem Ausfall lebensnotwendiger Funktionen kommt, die eindeutig zum Tode führen.

Mit der Unterschrift einer solchen Patientenverfügung bittet man die behandelnden Ärzte außerdem darum, palliativmedizinisch tätig zu werden, d. h. Schmerzen sowie Unruhe und Angst zu lindern und allgemein sorgsam zu pflegen. Eine aktive Sterbehilfe wird in der von mir bevorzugten Patientenverfügung klar und deutlich abgelehnt, die Bitte um seelsorgerlichen Beistand wird ausdrücklich erwähnt*.

Es geht alles in allem darum, welche Werte und Wünsche Sie respektiert wissen wollen, wenn Sie nicht mehr selbst Ihre Einwilligung in eine Behandlung geben können, wenn deutlich wird, dass Ihre Erkrankung in absehbarer Zeit zum Tode führen wird und wenn

* Gemeinsame Patientenverfügung des Rates der Evangelischen Kirche und der Deutschen Bischofskonferenz in Verbindung mit den übrigen Mitglieds- und Gastkirchen der Arbeitsgemeinschaft Christlicher Kirchen in Deutschland

sich dann die Frage stellt, ob es zu einem Verzicht auf bestimmte Behandlungen kommen soll. Besonders wichtig ist eine solche Verfügung sicher für Menschen, die alleine leben, die vielleicht eher einen Freund oder eine Freundin an ihrer Seite wissen wollen in einer solchen Situation als Angehörige. Aber auch Witwen und Witwer sind besonders angesprochen, die Frage nach der Begleitung zu regeln. Und selbst Eheleute sollten füreinander eine solche Erklärung unterzeichnen, denn schon häufig hat sich nicht einmal hier das Personal an die Wünsche des Partners/der Partnerin gebunden gesehen.

Eine Patientenverfügung *muss* regelmäßig neu unterzeichnet und mit dem entsprechenden Datum versehen werden. Das bedeutet auch, sie kann jederzeit wieder rückgängig gemacht werden, wenn sich die Beziehungen verändert haben oder Zweifel aufkommen, dass Sie noch derselben Meinung sind wie zum Zeitpunkt der letzten Unterzeichnung.

Ich höre häufig das abwehrende Argument, es gebe ja doch keine Rechtssicherheit mit einer solchen Verfügung. Mir scheint, es handelt sich eher um eine Aus-Rede, um sich nicht wirklich mit dem Thema befassen zu müssen. Im Jahr 1998 hat die Bundesärztekammer Berlin so genannte »Grundsätze zur ärztlichen Sterbebegleitung« verabschiedet. Das Selbstbestimmungsrecht von Patientinnen und Patienten wurde hiermit ausdrücklich gestärkt. Immer wieder wurde auch in den Medien darauf hingewiesen, dass durch Inkrafttreten dieser Grundsätze eine Patientenverfügung an rechtlicher Bedeutung gewonnen hat.

Man bekommt bei den jeweiligen Landeskirchenämtern und in den bischöflichen Ordinariaten die Patientenverfügung ausgehändigt.

Wer keine konfessionell untermauerte Patientenverfügung wünscht, bekommt eine neutrale Ausgabe bei der Bundesärztekammer in Berlin.

Nicht geregelt wird durch die Patientenverfügung die Frage nach dem Umgang mit einer etwaigen Organspende. Ob eine solche in Frage kommt, muss jeder Mensch mit sich und seinen Werten und seinem Gewissen ausmachen. Nur festlegen sollten Sie es! Denn seit dem 1. Dezember 1997 gilt in der Bundesrepublik ein Transplantationsgesetz, das die Spende und die Organentnahme sowie deren Übertragung regelt. Hierfür gibt es in jeder Apotheke und in jeder Arztpraxis spezielle »Organspendeausweise«. Es empfiehlt sich, diese Dinge zu klären, damit es nicht etwa andere für einen tun müssen. Es ist nicht fair, das Gewissen von Angehörigen oder Freunden derart zu belasten, dass sie plötzlich in einem Todesfall vor die Frage gestellt werden, ob »der Verstorbene« zu einer Organspende zur Verfügung stünde. Tun Sie das den Menschen, die Sie lieben, nicht an!

Es ist in jedem Fall für alle Beteiligten wichtig, dass Menschen für Krisen, die das eigene Leben bedrohen, Vor-Sorge treffen. Schieben Sie das nicht auf. Niemand weiß, ob ihn nicht ein unerwartetes Unglück ereilt. Und selbst chronisch kranke Menschen können nicht voraussehen, ob sie in eine bedrohliche Krise geraten. Wir sichern uns für alle nur denkbaren Eventualitäten ab und zahlen in Deutschland Milliarden für solche Versicherungen. Nur wenn es um unser Sterben geht, tun wir so, als ginge es uns nichts an.

Was Angehörige und Freunde tun und lassen können

In dem Kinofilm »Gran Paradiso« sagt der Protagonist etwas, was mir nachhaltig in Erinnerung geblieben ist. Paul, durch einen Unfall von der Hüfte ab gelähmt, träumt davon, noch einmal den Berg »Gran Paradiso« zu »besteigen«. Alleine ist es ihm durch seine Lähmung nicht mehr möglich. Da ergibt sich die Chance durch eine Art Resozialisierungsprogramm für fünf Strafgefangene, doch noch auf den Gipfel zu kommen. Sie sollen ein bergtaugliches Gefährt bauen, mit dessen Hilfe Paul nach oben transportiert werden kann, und sie sollen ihn zusammen mit einer Therapeutin und einem Mitarbeiter des Gefängnisses dabei begleiten. Natürlich sind auf dem Weg dorthin geradezu metaphorisch viele Schwierigkeiten zu über-winden. Aber man rauft sich zusammen, es werden sogar Freundschaften geschlossen, und als Paul am Ziel seiner Träume ist, hört man ihn sagen:

»Es ist alles möglich, wenn du willst. Und nicht allein bist.«

Immer wieder musste ich während des Filmes an eine Szene denken, die im Neuen Testament festgehalten wurde. Da sind vier Freunde, die einen gelähmten Freund auf einer Trage transportieren. Sie haben gehört, dass Jesus in der Nähe ist, und wollen nun ihren Freund diesem Heiland quasi vor die Füße legen. Sie sind sich ganz sicher: Er kann ihren Freund heilen. Mit großer Unerschütterlichkeit gehen sie sogar so weit, dass sie ihn mitsamt der Trage durch ein Dach nach unten in den Raum einlassen, wo Jesus sich aufhält. Einen anderen Zugang konnten sie nicht finden, denn der Raum war mit Menschen überfüllt. Und Jesus sagte laut und für alle vernehmbar: »Mensch, deine Sünden sind dir vergeben.« (Lukas 5,17–20) Zuvor heißt es noch: »Und als er ihren Glauben sah ...«

Es gibt nichts Schöneres, als solche Freunde zu haben. Freunde, die die Strapazen auf sich nehmen, einen erwachsenen Menschen mitsamt seinem Bett eine lange Strecke zu tragen. Freunde, die auch nicht die Mühe scheuen, die Ziegel eines Daches abzudecken und dann das Bett an Seilen herunterzulassen. Das muss schon enorme Kräfte gekostet haben. Und Freunde, die stellvertretend *glauben,* wenn es dem Kranken nicht mehr möglich ist. Solche Freunde sind rar. Meiner Beobachtung nach hat die Geduld und Ausdauer von Freunden eine durchschnittliche Halbwertszeit von maximal sechs Monaten. Dann kommen schon mal und zunehmend ungeduldige Fragen. Trotzig heißt es etwa: »Ja sag mal, wirken denn die Medikamente nicht?« Und dann geht es ganz schnell los mit den oft ungebetenen Rat-Schlägen. Von »Mach mal ein bisschen Sport, das stärkt das Immunsystem« über »Du musst einfach regelmäßig an die frische Luft« bis hin zu »Haste schon mal überlegt, ob das Ganze vielleicht psychisch bedingt ist?« – die Bandbreite ist endlos. Kranke Menschen können ein Lied davon singen. Vielleicht aber sind Worte wie »Denk jetzt nicht so viel darüber nach«, » Ach, das wird schon wieder« und »Kopf hoch« noch schwerer zu verkraften. Sie sind fast immer gut gemeint. Aber sie sind deswegen noch lange nicht gut. Es kommt nicht selten vor, dass Angehörige und Freunde so etwas sagen, weil sie selbst nicht mit Leid umgehen können. So nahe an einem Kranken dran zu sein, erinnert an die eigene Begrenztheit, den eigenen Abbau von Kräften, der irgendwann einmal eintreten wird. Wie sollen denn auch die Begleiterinnen und Begleiter etwas leisten, was Kranke oft selbst nicht vollziehen wollen – sich mit Leid, Schmerz, Krankheit und vielleicht auch mit Tod auseinanderzusetzen?

Ich weiß aus meiner Arbeit, dass in den Krankenhäusern in der Regel alleine gestorben wird. Meistens heißt es, man könne das nicht mit ansehen. Und so ist der oftmals schwerste Weg eines Menschen doppelt ein-sam. Es gibt weder von der einen noch von der anderen Seite etwas zu fordern. Es gibt aber viel zu gewinnen, wenn man sich gemeinsam einem Prozess stellt und miteinander und aneinander zu lernen bereit ist. Ich habe eine Zeit lang Hospizarbeit gemacht. Es waren ausschließlich Frauen, die diesen Dienst übernahmen. Frauen haben mit Sicherheit die höhere soziale und emotionale Kompetenz. Aber es ist erlernbar, auch für das »starke Geschlecht«, wenn Mann will. Möglicherweise könnte für Angehörige und Freunde eine Frage helfen, das eigene Verhalten und die Geduld gegenüber dem Patienten herauszufinden: »Wie möchte ich behandelt werden, wenn ich krank bin? Was würde mir gut tun?« Was nutzt die obligate Flasche Traubensaft beim Krankenbesuch, wenn ein kalter Waschlappen Linderung brächte, aber keiner Zeit für diese Geste findet? Was nutzt ein Bibelkärtchen mit dem Aufdruck »Denen, die Gott lieben, werden alle Dinge zum Besten dienen«, wenn die Wäschetonne überquillt? Kranke Menschen sind von schnellem Trost eher verletzt und spüren recht genau, ob sie wirklich

gemeint sind und ob Nachfragen eine Antwort erwarten.

Besonders schwierig ist es für Angehörige und Freunde, wenn die vertraute Person eine Krankheit hat, die man nicht sehen kann. Beim Gipsbein sind viele gerne behilflich. Bei Krankheiten, die in den dunklen Gängen des Körpers wuchern, wird es schwerer, echten und anhaltenden Bei-Stand zu schenken. Mal spricht der Kranke von diesen, mal von jenen Beschwerden. Fallen dann Stichworte wie »Kopfschmerzen« oder »Bauchschmerzen«, wird häufig gesagt, ja, das habe man auch öfter. Besonders auffallend ist das, wenn Erwachsene kranke Kinder begleiten. Sie können davon ausgehen, dass Kinder normalerweise die Wahrheit sagen. Und wenn sie sie nicht sagen, dann malen sie ihre Wahrheit. So mancher Vater und so manche Mutter haben erst nach dem Tod ihres Kindes verstanden, was es ihnen durch ein gemaltes Bild sagen wollte. Kinder spüren sehr genau, wann ihre Zeit gekommen ist. Erwachsene sind da die »besseren« Verdränger. Umso wichtiger und nötiger ist es, das Zuhören wieder zu lernen. Das aber geht nur, wenn Sie als Begleiterin oder Begleiter Ihre eigenen Ängste vor Krankheit überwinden.

Das Wichtige vom Unwesentlichen jeden Tag neu zu unterscheiden und dann die Prioritäten neu zu definieren – es würde sich wieder mehr Menschlichkeit und Wärme durchsetzen. Kranke und Gesunde können voneinander partizipieren.

Warum gerade ich?

Dieser Satz wird ausgestoßen von der Frau, die erfahren hat, dass sie an Krebs erkrankt ist. Er wird hinausgeschrieen von dem jungen Mann, der gerade sein Studium abgeschlossen hat und nächste Woche die erste richtige Stelle antreten wollte. Er wird hinter vorgehaltener Hand in einem erstickten Schrei von der Mutter herausgepresst, die erfahren muss, dass ihr Kind an Leukämie erkrankt ist. Immer wieder ist diese Äußerung tiefster Unfassbarkeit zu vernehmen. Die Frage aber intendiert eine andere: »Warum nicht ein anderer?«

Wer behauptet, eine Antwort auf diese Frage zu wissen, der spielt Gott. Ich denke, es ist eine falsche Frage. Sie setzt voraus, irgendjemand habe uns versprochen, ein schmerzloses und reibungsloses Leben führen zu dürfen. Und das ist eine falsche Prämisse. In der Geschichte der Menschheit war es noch nie so, dass ein Mensch frei-willig zu wichtigen Veränderungen in seinem Leben bereit war, von wenigen Ausnahmen abgesehen. So finden sich schon im Alten Testament immer wieder Zusammenhänge von Leid und Segen. Gott, der Schöpfer allen Lebens, gibt seinen Geschöpfen durch seinen Segen Zeichen. Der Segen Gottes ist eine Kraft, die Leben schenkt und erhält. Es ist sehr auffällig, dass Menschen, die den Prozess des Einverstandenseins durchlitten und bejaht haben, ebenfalls ein Segen sein können. So schließt sich der Kreis meiner Gedanken zu der Frage, wie es sich wohl am besten mit einer Krankheit leben lässt und wozu Krankheit gut sein könnte. Diejenigen, die »durch« sind, sagen von sich, sie wären ohne ihre Erkrankung niemals die Person geworden, die sie jetzt sind. Und sie benutzen oftmals unbewusst das Wort »Person«. Es meint »Ein-Klang«, *persona.* Wir lernen in Schulen und Universitäten, wie man Flugzeuge baut, warum der Mond Ebbe und Flut hervorbringt, wie die Bilder ins Fernsehen kommen und weshalb Eichhörnchen auch nach langer Zeit immer wieder alle versteckten Speisevorräte wiederfinden. Wir können inzwischen die Bausteine menschlichen Lebens beeinflussen und neues Leben im Reagenzglas erzeugen. Aber niemand bringt uns bei, mit unserem Leben so, wie es in jedem einzelnen Fall ist, Frieden zu schließen und einverstanden zu sein, den schielenden Blick auf andere, bei denen es schein-bar besser läuft, aufzugeben und in der eigenen Spur zu bleiben.

Es ist klug von dem Vater des Lebens angelegt, dass es das Leben selbst ist, das uns lehrt, was wir an den Orten der Bildung nicht gesagt bekommen. Und bekämen wir es gesagt, wäre es nur Kopf-Wissen. Echte Veränderung aber vollzieht sich nur unter Beteiligung des Herzens und muss also nach-gefühlt werden. Hören wir auf zu glauben, das Leben spiele sich am Strand von Monte Carlo ab, auf den Titelseiten der GALA oder im Kosmetiksalon von Yves Saint Laurent. Immer mehr Menschen ver-wechseln die Wirklichkeit mit der Scheinbarkeit der TV-Welt, und ich gebe zu, es wird schwieriger, sich dem Glamour der Welt, die auf Knopfdruck hin nicht mehr vorhanden ist, zu ent-ziehen. Unser gesamtes Anspruchsdenken wird genährt von solchen Vorstellungen, mit denen uns eine ganze Industrie tagtäglich konfrontiert. Berlin ist hierfür ein sehr gutes Beispiel. Die Stadt hat sich herausgeputzt. Man kann sich natürlich ausschließlich in der Mitte der Stadt nahe dem Sitz der Bundesregierung aufhalten. Das berühmte Hotel Adlon in der Nähe, herrliche Geschäfte mit wunderbaren Auslagen, glitzernde Glasfronten – das ist Berlin-Mitte. Aber nur zwei Straßenbahnhaltestellen weiter findet sich auch Leben, nur unansehnlicher. Da stehen Woche für Woche an einem bestimmten Tag nahezu vierhundert Menschen bei den Dominikanern um einen Teller Suppe an. Es sind nicht etwa nur die Säufer, die für alle möglichen Vorurteile herhalten müssen. Da steht inzwischen auch die alte Dame, die ein Leben lang berufstätig war, deren Rente aber zu klein ist, um sich ihr Berlin, das sie von klein auf kennt, noch leisten zu können.

Es gibt unzählige Gründe zu fragen: »Warum gerade ich?« Es gibt aber weit mehr Gründe zu fragen: »Warum ich nicht?« Unsere »heile« Insel, dieses kleine Fleckchen Erde, auf dem wir leben, ist in einem Ausnahmezustand. Wir sind privilegiert und gehören weltweit zu den ganz Wenigen, denen es weitaus besser geht als Milliarden anderer Menschen. Menschen, die sich von Wohlstandsmüll »ernähren«, für zehn Pfennig pro Tag in Steinbrüchen arbeiten, von medizinischer Versorgung ganz zu schweigen. Ich bin Christin. Und als solche kann ich mich nicht isoliert sehen von dem »Rest der Welt«. Und so habe ich mir die Frage »Warum gerade ich?« nie gestellt. Ich habe wohl auch meine Träume gehabt, Ent-Täuschungen hinnehmen müssen, durch lang anhaltende Schmerzen Sinn-Fragen gestellt. Ich habe mich geweigert, einverstanden zu sein. Ich bin durch das Nicht-Erkennen einer schweren bakteriellen Erkrankung in viel Leid und Schmerz geraten. Und habe doch so wert-volle Erfahrungen gemacht mit Gott, mit Menschen, aber auch mit mir selbst. Wenn es mir möglich ist, begleite ich Menschen in Krisen. Ich bin

einmal gefragt worden, welche Berufsbezeichnung ich bevorzuge. Ich habe dann geantwortet: »Ich bin Scheibenwischer.« Um aber Scheibenwischer zu sein, muss man die eigene Brille erst einmal putzen. Dafür war meine Krankheit gut. Noch ist sie nicht überstanden. Ich könnte gut auf zu viele erlittene Schmerzen verzichten, nicht aber auf das, was ich lernen durfte.

Anhang

Das Internet als Informationsquelle

Die 83-jährige Mutter eines Freundes wollte wissen, wer im Großraum München wirklich spezialisiert darauf ist, Kniegelenke zu behandeln, ohne gleich zu operieren. Also sagte sie zu ihrem Sohn: »Junge, schau doch bitte mal im Web für mich nach, ich suche einen Doktor für meine Knie.« Der 53-jährige »Junge« machte sich auf die Suche und konnte seiner Mutter einen Arzt vermitteln, der der alten Dame offenbar sehr zu Hilfe kam.

Wenn also eine 83-jährige Dame auf eine solche Idee kommt, warum dann nicht auch Sie? Vielleicht haben Sie noch nie etwas mit dem Internet zu tun gehabt und sagen sich: »Na, das lerne *ich* nicht mehr.« Aber das sind solche Ein-Reden, die nicht gut tun und obendrein wenig hilfreich sind. Der Mensch ist immer und auch im hohen Alter noch in der Lage, neue Dinge zu lernen. Neurologen von der Universität Ulm haben vor Jahren einen entsprechenden Test gemacht. Mittels einer Magnetresonanztomografie (MRT) untersuchten sie das so genannte kortikale Areal des Gehirns, die Hirnrinde. Man weiß, das dort eine Art Landkarte »liegt«, auf der zwar Grundstrukturen festgelegt sind, die aber nicht endgültig zu sein schienen. Entgegen allen Einreden der Pädagogik der 70er-Jahre, die behauptete, nur im Kindesalter könne man bestimmte Dinge lernen, danach sei es zu spät, war die Arbeitshypothese der Ulmer Neurologen, dass dies zu widerlegen möglich sei.

Die Versuchspersonen waren älter als 65 Jahre. Man gab ihnen nun die Möglichkeit, ihr Lieblingsinstrument zu erlernen. Zu Beginn der Versuchsreihe nun machte man eine MRT und dann in gewissen Abständen immer wieder. So entdeckten die Wissenschaftler eine deutliche Veränderung dieser »Landkarte« im Gehirn, je mehr die Probanden ihre Fingerfertigkeiten auf ihren Instrumenten verbesserten. Damit war bewiesen, dass Menschen auch im Alter noch ganz ungewohnte und fremde Dinge hinzulernen können.

Ich weiß: Das Internet macht vielen immer noch Angst, ist vielen noch immer eine sehr fremde Welt. Eine schöne Entwicklung ist, dass überall Internetcafés für Senioren eröffnet haben, immer wieder Kurse angeboten werden für die »Unwissenden«. Wer das Internet nicht als Ersatzbeziehung missbraucht, findet dort viele gute Informationen neben all dem Un-Sinn.

Man kann also beispielsweise in eine so genannte Suchmaschine das Stichwort »Krebs« eingeben oder »Multiple Sklerose« oder »Borreliose« usw. Dann zeigen sich Adressen auf dem Bildschirm, die man direkt anklicken kann. Oftmals kommen so Kontakte zu Menschen zustande, die sich zu einer guten Informationsquelle entwickeln. Und nicht selten »trifft« man dort einfach auch sehr liebenswerte Personen.

Haben Sie Mut und erlernen Sie den Umgang mit diesem Medium. Und wenn Sie es nun gar nicht zu können meinen, so bitten Sie jemanden, der damit umgehen kann, Ihnen Informationen zu besorgen.

Die Medizin ist ein stetig wachsender Informationsbereich, denn fast jeden Tag ent-decken Wissenschaftler etwas Neues. Das Internet hält mit dieser Entwicklung mit und man kann es stetig nachvollziehen, *da* wichtige Seiten permanent aktualisiert werden.

Die folgenden Hinweise sind – wie auch alle Telefonnummern und Adressen in diesem Buch – zwar recherchiert, aber ohne Gewähr:

www.thieme.de/dmw/
Hinter dieser Adresse steht der Medizinverlag Thieme sowie die »Deutsche Medizinische Wochenzeitschrift«. Dort kann der Benutzer die Artikel der aktuellen Ausgabe lesen. Die beiden Überschriften »Aktuelles – kurz berichtet« und »Ausgewählte Berichte« können Sie anklicken. Sie führen Sie schnell zu Suchergebnissen. Und auch der Kongresskalender ist nicht uninteressant, denn oft sind auch »Zaungäste« zu bestimmten Kongressen nicht nur zugelassen, sondern sogar willkommen.

Ipa.seiten.de/apotheke-online
Ausführliche und aktuelle Artikel zu Krankheitsbildern, aber auch Heilungsmethoden stehen hier für den Benutzer bereit. Außerdem können Sie auch im Archiv stöbern.

www.ärzteblatt.de
Nicht nur Ärzte finden hier gute und interessante Berichte. Wer sich für Gesundheitspolitik, insbesondere auch als betroffene Person, interessiert, findet hier wichtige Nachrichten aus Politik und Medizin. Auch hier wird der Öffentlichkeit ein Archiv zugänglich gemacht.

www.netdoctor.de
Hier beantworten rund zwanzig Fachärzte die Fragen von Patientinnen und Patienten. Sie erhalten recht ausführliche Antworten. Ein spezielles Pharmateam gibt Ihnen daneben Auskünfte zu Medikamenten.

www.yavivo.de
Auch hier erhalten die Besucher dieser Seite ausführliche Informationen. Es ist sogar möglich, einen individuellen Auftrag zu einer bestimmten Krankheit zu erteilen; dieser muss dann aber bezahlt werden. Beispiel: Ein Basis-Infopaket zu einer bestimmten Krankheit kostet rund 50 Mark. Sobald die Homepage aufgerufen wird, erscheint der faire Hinweis auf Risiken und die Haftungsklausel.

www.lifeline.de
Als gut bewerten darf man den Patienten-Selbsttest zu speziellen medizinischen Fragen. Expertenrat wird nach differenzierten Rubriken unterteilt.

Weitere Gesundheitsseiten finden Sie unter:

www.healthnet.de
www.telemedizin-journal.de
www.vitago.de
sowie
www.gesundheit.com

Eine Vollständigkeit kann es hier natürlich nicht geben, aber es sind An-Regungen für Sie. In Fachgeschäften und Buchhandlungen gibt es darüber hinaus jedes Jahr neu eine Reihe von Verzeichnissen mit Web-Adressen, die thematisch geordnet und im Hinblick auf ihre Präsentation auch bewertet sind. Solche Bücher können für Laien ein guter Wegweiser sein durch den Dschungel des Internet.

In der Reihe Glaubens- und Lebenshilfe
sind bisher erschienen:

Harald Petersen, Leben mit unerfüllten Wünschen?
Bestell-Nr.: 07 171

Frauke Hofmann, ... weil du so wertvoll bist!
Bestell-Nr.: 07 172

Arno Kawohl, Auf Hoffnung eingestimmt!
Bestell-Nr.: 07 173

Karin Ackermann, Loslassen – das Land des Lebens urbar machen
Bestell-Nr.: 07 174

Nicoletta Vogel, Mit Krankheit leben
Bestell-Nr.: 07 175

Arne Völkel, Geschenkte Freiheit
Bestell-Nr.: 07 176

Gisela Keßler, Warum kann ich dich bloß nicht verstehen?
Bestell-Nr.: 07 177

Karin Ackermann, Wie man es trotzdem schafft
Bestell-Nr. 07 178

Harald Petersen, Ist Gott wirklich so?
Bestell-Nr.: 07 179

Ulrike Schild, Lebst du schon?
Bestell-Nr. 07 180

Reinhold Ruthe, Veränderung ist möglich
Bestell-Nr. 07 181